Fisù

SPIRITS

Dir gewidmet
für entspannt-
spannende Momente

Impressum

Zur Vereinfachung der Lektüre sind alle Personenformen maskulin geschrieben. Danke für Dein Verständnis.

Neuausgabe 2010, Band 2 der **99 Spirits**

Gedruckt auf 90 gm2 - Qualitätspapier, weiss, säure,- holz,- und chlorfrei, sowie alterungsbeständig.
Alle Rechte vorbehalten, gedruckt in Deutschland

© 2010 Rudolph Zbinden alias Fisù, Schweiz
© Edition Fismaël

Konzeption, Texte und Graphikdesign:
Rudolph Zbinden alias Fisù
by ART & DECO GmbH
Graphik & Werbung
CH-1719 Zumholz FR
www.artdeco-werbung.ch

Illustrationen:
MiBé
CH-1682 Dompierre VD
contact@mibedessin.com

Support Datenvorbereitung und Upload
Manuela Lötscher
CH-3036 Detligen BE

Herstellung und Verlag:
Books on Demand GmbH, Norderstedt
ISBN 978-3-8423-3093-1

Vorwort des Autors

Lieber Leser,

Den Band 1 meiner **99 Spirits** habe ich meiner Frau Esther gewidmet, zu unserer 30-jährigen Partnerschaft und zum 20. Hochzeitstag im Dezember 2009. Bis sie als erste Leserin das Buch geschenkt bekam, musste ich ein ziemlich aufwendiges Versteckspiel inszenieren, denn niemand sollte wissen, dass ich am Schreiben der ersten **99 Spirits** war. Meine Frau ist sich gewohnt, dass ich abends immer zu Hause bin, ausser ich weile noch etwas in der Natur, oder wir haben eine Verabredung. Nun habe ich mich in dieser Phase oft von zu Hause weggeschlichen, und ich konnte natürlich nicht jedesmal erklären, ich sei im Wald oder am Fluss gewesen. Langsam aber sicher fragte sich meine Familie, was denn mit mir los sei, und unser Sohn meinte gar einmal besorgt zur Mutter: „Du Mami, ich glaube Vätu (Vater) hat vielleicht eine Freundin."
Zum Glück ist Esther nicht sehr eifersüchtig, und so schaffte ich es trotz aller Fragezeichen meiner Familie, das Buch im Verborgenen fertigzustellen. Trotzdem waren dann alle erleichtert, dass es „nur" ein Buch und nicht eine Freundin war.

Den 2. Band meiner **99 Spirits** widme ich mir selbst für meine 25-jährige Schaffenszeit in meiner Werbeagentur. Die Tätigkeit als Werber erfüllt mich nach wie vor und ich freue mich, jeden Morgen auf neue, spannende Projekte und Kundenkontakte.

Ich bedanke mich ganz herzlich bei Dir, lieber Leser, dass Du Dich mit diesem Buch auseinandersetzen willst, und wünsche Dir Unterhaltung und Inspiration dabei.

Nun möchte ich noch eine für mich wichtige Erklärung zum Thema Spiritualität und Gott vermitteln. Ich selbst gehöre keiner Religionsgemeinschaft an, respektiere aber jeden, der auf diese Art gläubig ist. Das will nicht heissen, dass ich spirituell untätig wäre. Im Gegenteil. Ich fühle ein starke Liebe und Verbundenheit zur Natur, zu unserer Erde und die Schöpfung (auch Universum oder Kosmos genannt) ist für mich eine Art

UrUrMutter, die alles Lebendige hervorbringt, gedeihen lässt, und immer bedacht ist, in diesem gigantischen Lebensraum alles im Gleichgewicht zu erhalten. Wenn ich mich bemühe, nach dieser Ordnung zu leben, geht es mir gut. So gesehen kenne ich auch keinen Gott, der über allem steht, sondern jeder Mensch, jedes Tier, jede Pflanze, jeder Stein ist Teil dieses Systems und trägt mit seiner Dynamik zu dessen Lebendigkeit bei. Wir alle stehen unter dem Schutz unserer UrUrMutter, denn sie will das Gute, das Leben, das Versöhnliche, die kreative Schaffenskraft. Darum können wir relativ gelassen in die Zukunft schauen, denn nach jeder Talsohle zeigt sich irgendwann die Sonnenseite.

Auch das Wort „göttlich" beziehe ich nicht auf einen personifizierten Gott hin, sondern es bedeutet vielmehr etwas Wundersames, das uns die Schöpfung zukommen lässt.

Wenn ich mich in einigen Spirits mit der Kirche anlege, verstehe ich das nicht als Antipathie gegenüber der christlichen Religion und deren Gläubigen, sondern die „Institution Kirche" gibt zur Provokation Anlass. Gerade die aktuellen Enthüllungen in diesem Jahr (2010) sorgen einmal mehr für viele Fragezeichen und verlangen dringender denn je ehrliche Antworten.

Nun möchte ich Dir noch einen Tipp geben, wie Du die **99 Spirits** am besten konsumierst:

„Lies den **Spirit** einmal laut und langsam. Warte ca. 10-15 Sekunden. Lies den **Spirit** ein zweites Mal laut und langsam. Nun lasse Deine Gedanken ins Endlose schweifen ohne an etwas Konkretes zu denken. Flutsche einfach so ins Nichts hinein.

Nach einiger Zeit, je nach Lust und Laune, liest Du den **Spirit** ein drittes Mal laut und langsam. Lege nun das Buch beiseite und widme Dich einer anderen Tätigkeit. Der **Spirit** wirkt jetzt sanft auf Dein Unterbewusstsein. Lass es einfach geschehen und kümmere Dich nicht darum. Die beste Wirkung erzielst Du vor dem Einschlafen."

Allora buona notte!

Rudolph Zbinden alias Fisù

Glücklich sein - so einfach

Das Kind kniet am Boden und spielt. Es ist so innig mit seinem Spielzeug verbunden, dass alle äusseren Reize an seiner Hingabe abprallen.

Erst die lauten Rufe der Mutter holen es aus seiner Trance zurück. Dieses bedingungslose Hineintauchen in eine Tätigkeit heisst „glücklich sein."

Was hindert uns daran, dies jeden Tag zu tun?

Der Verstand will Grenzen

Der Meister der Weisheit wurde weitherum ob seinem Wissen verehrt und so suchte sich auch eine Gruppe von Naturwissenschaftlern seinen Rat. Der Älteste von ihnen erzählte: „Dank modernster Forschung kennen wir heute die unglaublichsten Dinge im Universum über einen Zeitraum von weit mehr als 10 Milliarden Jahren. Bei der Suche nach dem Anfang und der Deutung in die Zukunft gelangen wir jedoch an unsere Grenzen. Nichts geht mehr. Wir drehen uns alle im Kreis, erstellen Theorien und verwerfen sie sogleich wieder, es ist zum Verrücktwerden."

„Bedankt Euch bei Eurem Verstand. Er hat für Euch die Notbremse gezogen, denn Ihr seid kurz vor dem Wahnsinn gestanden," antwortete Ihnen der Meister und doppelte nach: „Menschliches Denken ist nicht für die Grenzenlosigkeit gemacht."

Training ist alles

Um im Leben im Gleichgewicht zu bleiben,
bedarf es der täglichen Übung eines
Hochseilartisten, aber mit der Ausnahme,
dass Du ab und zu herunterfallen darfst.

Wozu die Aufregung?

Der Tod holt Dich nicht urplötzlich,
denn mit jedem gelebten Tag
bist Du bereits ein Stück
gestorben.

Der Spiegel in Dir

Der Konsum von Suchtmitteln jeglicher Art, aber auch der Kampf gegen sie ist so alt wie die Menschheit selbst.

Wozu dieser sinnlose Widerstand, sind wir doch alle in irgendeiner Form nach irgendetwas süchtig?

Begegne Deiner Sucht liebevoll - sie zeigt Dir lediglich, dass etwas in Dir fehlt.

Die Urmutter

Jeder Grashalm, jeder Baum, jede Pflanze,
jeder Stein, jedes Insekt, jedes Tier,
jeder Mensch geniesst den Schutz
der Schöpfung.
Oder glaubst Du allen Ernstes, wir hätten
all die Launen der Evolution aus
eigener Kraft überlebt?

Ein lauer Sommerabend

Entspannt liege ich auf den warmen Steinen am Fluss und die Abendsonne umarmt mich mit ihren weichen Strahlen.

Eine Brise streichelt sanft meinen nackten Körper, der Rauch des Lagerfeuers weckt abenteuerliche Erinnerungen an die Jugendjahre.

Im Rauschen des Wassers offenbaren sich Klangwunder, monoton fliessend und sich kreativ überschlagend.

Ich bin überglücklich in dieser Einsamkeit.

Tüchtig süchtig

...arbeitssüchtig, liebessüchtig, drogensüchtig, esssüchtig, schlafsüchtig, alkoholsüchtig, redesüchtig, profilierungssüchtig, nikotinsüchtig, machtsüchtig, streitsüchtig, medikamentensüchtig, mediensüchtig, computersüchtig, geldsüchtig, newssüchtig, sportsüchtig, leidenssüchtig, gewaltsüchtig, helfersüchtig, menschenmassensüchtig, kaufsüchtig, wissenssüchtig, sexsüchtig, putzsüchtig, techniksüchtig, anerkennungssüchtig, planungssüchtig, kultursüchtig, lesesüchtig, leistungssüchtig, fernwehsüchtig, spielsüchtig, heimwehsüchtig, gebetssüchtig, fernsehsüchtig, ordnungssüchtig, schönheitssüchtig, hygienesüchtig, quatschsüchtig, modesüchtig, horoskopsüchtig, klausüchtig, krankeitssüchtig, gesundheitssüchtig, rachsüchtig, kontrollsüchtig, selbstsüchtig, adrenalinsüchtig, problemsüchtig, kritiksüchtig, belehrungssüchtig, verschwendungssüchtig...

Und ausgerechnet wir sollen die Krone der Schöpfung sein?
Ich muss aufhören, sonst werde ich kotzsüchtig.

Rache

Der Gesichtsausdruck starr, ohne Regung.
Die Augen zusammengepresst in den Höhlen.
Die Glieder gespannt wie Pfeilbögen.
Das Blut wallend in den Adern.
Die Stimme langgezogen und drohend.
Die Gedanken der Hölle näher als dem Himmel.
Die Gefühle feuerspeiend wie Vulkane.

Der Hassende zerstört - sich selbst.

Die Tortur der Lernenden

Der Meister der Weisheit erzählte seinen Schülern folgendes. Ein bekannter, von den Gelehrten hoch verehrter Philosoph schrieb einmal:

„Ich denke, also bin ich."

Generationen von Schülern diskutierten jeweils wochenlang über diese scheinbare Weisheit, schmunzelte der Meister, ohne die Essenz dieses Satzes jemals richtig zu verstehen. Hätte der angesehene Herr seine Formulierung umgedreht, wäre er heute weder berühmt, noch ein Philosoph, sondern ein Mensch wie Ihr und ich.

Tja, gewusst wie.

Vom Täter zum Opfer

Der Täter sucht sich sein Opfer und missbraucht es zu seinen Gunsten.

Fehlt es ihm an Grösse, sich danach beim Opfer zu entschuldigen, schlüpft er selbst in die Rolle des Opfers und macht das Opfer und die Umwelt für sein Handeln verantwortlich.

Das Opfer habe ihn geradezu zur Tat provoziert, oder das schlechte Umfeld habe ihn labil gemacht und zur Tat veranlasst. Das nenne ich Selbstmitleid in Vollendung.

Solch' hinterfotzige Kreaturen sind der Albtraum der Schöpfung.

Und weg waren sie

Vor Milliarden Jahren verursachten zwei gigantische Planeteneinschläge eine ungeheure Katastrophe auf der Erde, aber sie überlebte die beiden Crash's. Es entstand neues Leben. Die Flutwellen der Gezeiten waren damals so hoch wie ein Gebirgsmassiv und erst mit der Entfernung des Mondes von der Erde beruhigte sich das rüde Klima. Leben in der heutigen Form entstand nach und nach.

Wenn wir uns nun die Geschichte der Erde in einem 1000-seitigen Buch vorstellen, umfasst das Kapitel „Mensch" etwa ¼ Seite. Mit unserem ausschweifenden Verhalten gegenüber der Erde werden im besten Fall noch 2-3 Zeilen geschrieben. Aber das Buch wird weiter wachsen und ich wage zu bezweifeln, ob sich dereinst jemand an das Kapitel „Mensch" erinnern wird.

Jeder ist sein eigener Richter

Eine über allem stehende Gerechtigkeit, die das Böse bestraft, gibt es nicht. Wozu auch? Allein durch sein Handeln schafft der Mensch den Nährboden für sein Gedeih' oder Verderben.

Nicht selten fällt er selbst sein Todesurteil.

Den Teufel freut's

Die Keuschheit ist eine Erfindung der Kleriker. Aber sie selbst vergreifen sich an allem, was Ihnen über den Weg läuft.

Im Namen des Vaters und des Sohnes und des...

Forschung am Scheideweg?

Jegliche Art von Leben entsteht im Einklang und in Verbindung mit der göttlichen Liebe der Schöpfung.

Den Fortbestand der Menschen gewährleisten nicht Wohlstand und technische Erfindungen, sondern lediglich seine Spiritualität.

Niemand muss sie erfinden. Jeder hat sie.

Die Familie Teil 1

Eine archaische Ordnung hält wie in einem Ameisenhaufen die Familie zusammen. Jeder erhält seinen festen Platz und nur wenn jeder seinen Platz innehat, funktioniert diese Struktur optimal.

Stell' Dir das Bild vom Domino-Spiel vor!

Ich stehe vor meinen Eltern und diese vor meinen Grosseltern und so weiter. Der Hintere stützt den Vorderen und der Vordere kann auf den Schutz des Hinteren zählen. Ich selbst stütze eines Tages meine Kinder, sie die ihren und so weiter. So entsteht eine wunderbare Dynamik von schützen und geschützt werden.

Solche Kräfte bringt nichts zu Fall.

Die Familie Teil 2

Mit der Vereinigung von Mann und Frau entsteht neues Leben. Physisch, geistig und spirituell gedeiht ein Wesen, das alle Merkmale seiner Eltern und Vorfahren in sich trägt.

Eine Verbindung, die durch nichts zu trennen ist.

...nicht durch die Eltern
...nicht durch das Kind
...weder durch Gewalt,
    noch durch sonst etwas.

Die Essenz dieser Verbindung?

L   I   E   B   E

Es war einmal...

Eine Gestalt schreitet durch die eisige Winternacht, die der aufgehende Mond in eine weisse Glitzerwüste verwandelt. Schneekristalle, gross wie Legosteine, zerbersten unter den Schritten wie abertausende Glassplitter und die Lungen keuchen schwer in der eiskalten Luft. Ein einsamer Fuchs quittiert das Kommen des Eindringlings mit einem kühnen Sprung in das nächste Gehölz...

Daheim in der Stube schliesst jemand sein Märchenbuch, starrt in das warme Licht einer Kerze und freut sich auf den nächsten Winter.

Die Trennung

Wenn Dein Liebster gehen will, lass ihn gehen und
bedenke folgendes:

Derjenige,
der geht,
macht den ersten Schritt,
geht,
und ist frei.

Derjenige,
der bleibt,
macht den zweiten Schritt,
lässt den andern gehen,
und auch er ist frei.

Mit Adleraugen

Der Meister der Weisheit lehrte seinen Schülern gerne ein ganzheitliches Denken.

Ein Schüler meinte einmal etwas altklug: „Könnte ich meinen Kopf rundherum drehen, hätte ich immer über allem die Übersicht."

Darauf entgegnete ihm der Meister: „Lerne zuerst jedes Detail zu erkennen, dann ergibt sich die Übersicht von selbst."

Zum Glück gibt es sie

Ich liebe es innigst, Frauen zu betrachten. Dieser prickelnde Mix aus Sexualität, Charme, femininer Intelligenz, wohlgefälligen Rundungen, verborgener Selbstständigkeit, subtiler Eleganz und evolutionärem Kalkül fasziniert ungemein und verdient den tiefen Respekt meiner männlichen Seele.

Jahreswechsel

Im Alltäglichen findet der Mensch
Beständigkeit und Vertrauen.
Im Aussergewöhnlichen lebt er seine
Visionen und Träume.
Beides sind Herausforderungen, die in
Wechselwirkung Grossartiges schaffen.

As guets Nüjaar wünscht...

Nur halb so schlimm...

Jede Entwicklungsphase im Leben eines Kindes hat für die Eltern so ihre Freuden und Tücken.
Manchmal ist sie so heftig, dass man den kleinen Spross am liebsten zum T..... wünschen würde.

Das Allerschlimmste im Nachhinein aber wäre, wenn man nur eine einzige dieser Phasen verpasst hätte.

Wacht auf Bürger

Mit Bewunderung schauen wir zurück auf unsere Vorfahren, die sich todesmutig in die Speere der fremden Kriegsheere warfen, um das höchste Gut, das sie kannten, nämlich die Freiheit, zu bewahren.
Heute beschäftigen wir ein Heer von Politikern und Juristen, die fast im Tagesrythmus neue Verbote und Gesetze erlassen, welche subtil an unserer Freiheit nagen und uns folgsam und kontrollierbar machen sollen.

Diese Freiheitsräuber in den eigenen Reihen zu erblicken, fühlt sich an, wie das Schwert des Damokles über dem Kopf zu spüren.

5000 Freunde

Die Oberflächlichkeit unserer Konsumgesellschaft offenbart sich an der Degradierung von einst wichtigen Werten zur Banalität.

Ein Beispiel?

Das Wort „Freund" mutiert in Internetplattformen zur Massenware und schlagartig ist jeder mit jedem befreundet. Brauchte früher die Freundschaft liebevolle Pflege und Achtung, kann sie nun mühelos per Mausklick aktiviert oder auch wieder gelöscht werden. So nach dem Motto: Was ich nicht mehr brauche, fliegt auf den Müll.

Wahrlich ein goldenes Zeitalter für Soziologen und Beziehungs-Gurus!

Frühling

Was lange im Verborgenen keimte, bricht jetzt explosionsartig hervor. Überall wächst und grünt und blüht es mit aufstrebender Kraft.

Das frische Blut bringt die Gefühle in Wallung und verursacht ein wohliges Flattern in mancher Beckengegend.

Die Evolution läuft auf Hochtouren und selbst die grössten Winterschläfer verlassen nun gut gelaunt ihre Höhle.

Frühlingszeit - zu allem bereit.

Sommer

Das Feuer des Sommers zieht die Lebewesen nach draussen bis weit in die Nacht. Was im Frühling seinen Anfang nahm, beginnt nun zu reifen.

Farben, Formen, eine unendliche Fülle an Aromen und Düften, die unsere Sinne betören, und überall diese Heiterkeit und Festlaune. Alles scheint auf einmal so leicht und alle während des Winters verborgenen Reize übertreffen die kühnsten Träume ihrer Betrachter.

Sommerzeit - Die Sorgen sind noch weit.

Herbst

Die Euphorie des Sommers beginnt sich zu legen und was mit erfahrener Hand gehegt und gepflegt wurde, will nun geerntet werden.

Die Dynamik in der Natur lässt sanft nach und erste Nebelschwaden lassen die baldige Ruhe erahnen. Die Natur zeigt sich jetzt im schönsten Farbenkleid, so, als wollte sie uns sagen, dass auch im Alter Attraktivität durchaus möglich ist. Die Tage treten sichtbar kürzer und die Lichtspiele unter den Naturelementen übertreffen in ihrer Faszination alles von Menschenhand Gemahlene.

Herbstzeit - Zufriedenheit weit und breit.

Winter

Alles weilt in vollkommener Ruhe und die Erde atmet mit tiefem Puls. Wie eine Decke legt sich der Schnee liebevoll darüber und gönnt ihr den wohlverdienten Schlaf. Das Leben spielt sich im Innern an wohliger Wärme ab. Süsse Gewürze, deftige Gerichte und wärmende Getränke verwöhnen im Licht der Kerzen unsere Sinne.

Es ist die Zeit der Besinnung, aber auch der erneuten Planung. Ideen, Visionen und Träume entstehen in den Katakomben unserer Seele, wohl wartend auf das Erwachen des Frühlings.

Winterzeit - Moment der Bescheidenheit.

Eltern Teil 1

Von Dir Vater habe ich alles Männliche,
die dynamischen Kräfte.
Von Dir Mutter habe ich alles Weibliche,
die sanften Kräfte.

Eure gemeinsame Liebe hat mich zu einem einmaligen Wesen geformt und wie ein unsichtbares Band umhüllt sie uns in ewiger Verbundenheit.

Mein Dank gilt für die Ewigkeit.

Eltern Teil 2

Wenn ich mich leicht nach hinten lehne, spüre ich Eure Anwesenheit, *immer und überall.*

Entspannt geniesse ich den Schutz von Dir Vater und von Dir Mutter. Das Wissen um Euer SEIN lässt mir Raum für meine Entfaltung und ein Urvertrauen wärmt, einer zarten Flamme gleich, meine Seele.

Ich bin bereit zu leben, *immer und überall.*

Bitte etwas lustfreundlicher

Würde die sexuelle Vereinigung der Menschen nur zur Fortpflanzung praktiziert, so wie die Kirche es befiehlt, wären wir definitif dem Tier ebenbürtig.

Da die Kleriker im Menschen ein von Gott geschaffenes, göttliches Wesen sehen, wäre genau das der blanke Horror.

Verblödung total

Unter den Industrieländern heisst das absolute IN-Wort:

K o m m u n i k a t i o n

Das Kommunikative einer kommunikativen Kommunikation ist, wenn der Kommunizierende eine kommunikative Kommunikation kommuniziert.

So etwa lauten die meisten Inhalte einer Kommunikation um der Kommunikation's Willen.

Toys for boys

Ferngesteuerte Schiffchen und Miniflieger, Modelleisen-
bahnen, Handys, Sportwagen, Motorräder, Computer-
spiele, gigantische Legobausätze, Gartengrills, Tischau-
torennbahnen und andere technische Errungenschaften
bringen manche Herren der Schöpfung in Verzückung
und das Kind im Manne gäbe sein letztes Hemd für diese
faszienierende Spielwelt.

Diese erwachsenen Kinder sind weitaus sympathischer
im Vergleich zu deren Artgenossen, den kindischen Erwachsenen.

Um Himmelswillen, so nicht

Um ihre Schäfchen während ihrem irdischen Dasein bei Laune zu halten, hat die Kirche so einige Tricks auf Lager.

Einer davon ist das „Paradies."

Nach einem entbehrungs- und arbeitsreichen Leben auf Erden, winkt dem Gläubigen der Lohn Gottes. Der Eintritt ins göttliche Paradies, wo ihn ein Weiterleben à la „Wellness für die Ewigkeit" erwartet. Obwohl noch niemand gemäss heutigem Wissensstand dieses Schlaraffenland je betreten hat, geschweige denn davon zurückgekehrt ist, gilt dieses Versprechen als absolut. In der Wirtschaftssprache nennt sich das eine „Mogelpackung."

Darum lieber Gläubiger rate ich Dir: „Lebe Deine Träume hier und jetzt, und sollte sich das „Paradies" doch noch als wahr erweisen, kannst Du dort ungeniert nachdoppeln. Der Herrgott wird's Dir sicher gönnen."

Die längste aller Reisen

Ein altgedienter Herrscher suchte sich den Rat des Meisters der Weisheit. Er begann zu erzählen: „Mit meinen Kriegsheeren habe ich die halbe Welt bereist, habe Wüsten und Meere durchquert, habe gewaltige Bergmassive bezwungen, bin aus mancher Schlacht siegreich hervorgegangen und habe unermessliche Reichtümer angehäuft. Alles, was ich begehrte, wurde mir zuteil. Jetzt fehlt mir nur noch das, wonach ich am meisten strebte,

nämlich die ERLEUCHTUNG!"

Der Meister richtete seinen Blick in die Ferne und erwiderte seinem Gast mit leiser Stimme: „ Plane Deine letzte Reise in Dein Innerstes. Anstelle Deiner Soldaten nimmst Du die Liebe mit und Du reist alleine. Irgendwann und irgendwo wirst Du das finden, nach welchem es Dich dürstet."

Träume werden wahr

Breite Deine Arme aus, schliesse Deine Augen, und stell Dir vor, Du gleitest wie ein Adler weiter, immer weiter, getragen von Deinen Träumen.

Vor Dir die glühende Abendsonne, fliegst Du über glutrote Sanddünen, über glitzernde Meere, über üppige Felder und Wiesen, über schneebedeckte Gebirgszüge und funkelnde Städte in der Nacht, über Inseln im azurblauen Wasser, über tiefen Schluchten und Fjorden. Irgendwo da unten wirst Du einmal landen und eine verborgene Stimme wird Dir zuflüstern:

„Weisst Du noch als die Träume den Adler in die Lüfte hoben?"

Die Gier und ihre Einsamkeit

Sein Arbeitstag hat meistens 12 Stunden und mehr, seine Arbeitskollegen braucht er nur für Gefälligkeiten und tritt ihm einer zu nah', braucht er seine Ellbogen, um besser vorwärts zu kommen. Bei jedem Chef sagt er stereotyp: „Jawohl, dank mir...   jawohl dank mir..."
Seine Familie kennt er nur noch vom Photo auf seinem Schreibtisch, und mit jedem Treppchen, das er steigt, fühlt er sich um Zentimeter grösser. Ein letztes Mobbing und dann steht er oben, ganz oben, über den Wolken und eine selige Genugtuung massiert wie Balsam seinen verspannten Körper.
Doch wieso ist hier oben niemand, wieso bin ich einsam und alleine? Das Leben spielt sich unter den Wolken ab und ist ihm fremd geworden. Trotz seiner Millionen weiss er nicht mehr, wieviel ein Liter Milch und ein Kilo Brot kosten. Er ist sehr traurig und plötzlich wünscht er sich nur noch eines:
Eine gemütliche Partie Fussball mit seinen alten Kumpels und danach ein kühles Bierchen in geselliger Runde.
Doch die Leiter, die ihn nach unten führen könnte, hat er weggestossen, aus Angst, es könnte ihm jemand folgen.

Und wenn er nicht gestorben ist...

Rabeneltern

Die Aufgabe der Schule besteht darin, den Kindern Wissen zu vermitteln und sie in ihrer kreativen und sozialen Intelligenz zu fördern. Mittlerweile stehen viele Kinder ihren Eltern beim Streben nach Karriere im Wege und die Erziehung der Sprösslinge wird der Schule aufgebürdet. Damit die Kinder auch während des Tages optimal umsorgt sind, sollte dann noch der Staat mit dem Bau von Tagesstätten die ach so gestressten Eltern zusätzlich entlasten.

Das Dumme daran ist nur:

Die Kinder werden orientierungslos und beginnen aus Frustration Terror zu machen, die Eltern und Lehrpersonen sind noch mehr gefordert und zu guter Letzt soll wiederum der Staat für Therapeuten sorgen, welche das ganze vorhersehbare Chaos wieder ordnen sollen.

Liebe Eltern, Eure Kinder brauchen Eure ganze Liebe, Aufmerkamkeit und Fürsorge und pfeifen auf Eure Selbstverwirklichung.

Dieser Spirit richtet sich nicht an Alleinerziehende.

Zurück zu den Wurzeln

Eine einst hoch angesehene Tätigkeit hat heute viel an Wert verloren. Karrieredenken, der Wunsch nach persönlicher Verwirklichung und finanzieller Unabhängigkeit, oder auch das Streben nach öffentlicher Anerkennung haben diesem Metier arg zugesetzt.

Dummerweise sind es gerade die Frauen, die diesen Beruf, den Beruf der Hausfrau geringschätzen. Manch eine geniert sich „nur" Hausfrau zu sein und manche Artgenossinnen strafen das Ausüben dieses „Nurberufes" mit einem abschätzigen Lächeln.

Die Familie ist die kleinste „Firma" der Gesellschaft. Ihr Funktionieren hängt auch wie bei andern Betrieben vom Engagement und der Qualität ihres Patrons und ihrer Mitarbeiter ab. Die Hausfrau oder der Hausmann haben das Privileg, Direktor und Mitarbeiter in Einem zu sein. So viel Freiheit können sich die wenigsten leisten.

Sehr geehrte Damen, werte Herren, der Herd ruft.

Die Waage hat 2 Schalen

Wenn die Kräfte der Natur im Gleichgewicht sind, entsteht Leben in Harmonie und gegenseitigem Einklang.

Nun gibt es Eltern, die mit Genugtuung feststellen, dass ihr Kind übermässig intelligent sei und mit allen Mitteln gefördert werden müsse, um eine permanente Unterforderung in der Schule zu verhindern. Meistens wird eine Klasse übersprungen, oder noch besser, wenn der Geldbeutel es erlaubt, auf eine Privatschule gewechselt.

Dass aber irgendwo auf der „andern Seite" ein Defizit besteht, bemerken die stolzen Eltern nicht. Aber gerade hier wäre eine Förderung sinnvoller, um das Gleichgewicht des Kindes wieder herzustellen.

Wo ist hier die Strategie?

Dass die Frauen im Schnitt um Jahre älter werden hat mehrere Gründe. Einer davon liegt auf der Hand, wenn man(n) bedenkt, welchen energetischen und finanziellen Einzatz die männliche Spezies leistet, bis sie den Schatz ihrer Träume eines Tages in die Arme schliessen darf.
Würde der Rest der Evolution so ineffizient ablaufen, wäre noch nicht einmal das Rad erfunden.

Hofieren braucht unheimlich Ressourcen.

Nichts für die Ewigkeit

In unserem Wirtschaftssystem ein für die Wirtschaft perfektes Produkt zu schaffen ist viel komplexer, als es auf den ersten Blick aussieht. Die Qualität muss so beschaffen sein, dass der Kunde Vertrauen fasst und gewillt ist, eine Identifikation zum Produkt herzustellen. Andererseits darf die Qualität des Produkts gerade nur so gut sein, dass es in der Gewöhnungsphase des Kunden seinen Geist aufgibt, und so der nachfolgenden Generation ihre Gehälter sichert.

Der Rat für den „Quali-Freak:"
Kauf alles doppelt.

Sex ohne Tempolimit

Emotional hat ein Quickie etwa den gleichen Wert wie die Plastikverpackung, die nach dem Verzehr eines Hamburgers weggeworfen wird.

Es kann eben nicht fäst genug sein.

Die heutige Jugend...

...Jugendliche schlagen wahllos Leute zusammen.
Erwachsene drehen kilometerlange gewaltverherrlichende, blutrünstige Filme.
... Jugendliche missbrauchen Minderjährige.
Erwachsene schaffen weltweite Plattformen für eine blühende Sex- und Pornoindustrie.
... Jugendliche konsumieren Alkohol und Drogen.
Erwachsene kultivieren und verkaufen Drogen. Alkohol ist jederzeit in jedem Mass verfügbar.
...Jugendliche sind unmotiviert und faul.
Erwachsene kritisieren alles und jammern auf höchstem Niveau.
...Jugendliche sind fernseh- und gamesüchtig.
Erwachsene überlassen die Kinder sich selbst, aus Bequemlichkeit und Selbstsucht.
...Jugendliche sind überschuldet.
Erwachsene produzieren Unmengen an Konsumgütern und locken mit schnellen Krediten.
...Jugendliche werden immer dicker.
Erwachsene scheuen die Arbeit am Herd. Fastfood und Fertigprodukte ersparen die aufwendige Küchenarbeit.

Wieso kennen Jugendliche keine Grenzen mehr?
Weil die Erwachsenen grenzenlos leben.

Was erzähle ich den Enkeln?

Auf den ersten Blick würde man meinen, die Jungen hätten heute ein viel besseres Leben als früher die Alten hatten. Das mag in materieller Hinsicht durchaus stimmen. Doch eine Flut von Verboten und Gesetzen erstickt jede kreative Spinnerei schon im Keim und verunmöglicht das Ausloten von Grenzen.

Die Alten sagen gerne:
"Weisst Du noch damals…"

Die Jungen werden sagen:
„Ich weiss nichts von damals…"

Göttliche Geschöpfe

Kinder haben die wunderbare Gabe, den Erwachsenen Verantwortung für das Leben zu übertragen. Vormals wichtige Dinge degradieren zur Nichtigkeit und frühere Nichtigkeiten erfordern jetzt absolute Aufmerksamkeit.

Die Kinder brauchen meine Unterstützung, doch ihr Puls inspiriert auch den meinen. Mein Leben hat durch sie Wege eingeschlagen, die mir vorher verborgen blieben.

Deswegen gebührt Euch Kinder mein ewiger Dank.

Der Bund für's Leben

Du, Mutter meiner Kinder, hast mich wachgerüttelt und durchgeschüttelt.
Du, Mutter meiner Kinder, hast Ordnung in mein Leben gebracht.
Du, Mutter meiner Kinder, hast in mir neue Horizonte geschaffen.
Du, Mutter meiner Kinder, hast in mir die Liebe zum eigenen Fleisch und Blut erweckt.
Du, Mutter meiner Kinder, hast mein Kind in mir entdeckt und wachgeküsst.
Du, Mutter meiner Kinder, hast mich mit Verantwortung und Gelassenheit beschenkt.
Du, Mutter meiner Kinder, hast mich bescheiden und demütig gemacht.
Du, Mutter meiner Kinder, hast mich zum Vater gemacht und Wundersames in mein Leben gebracht.
Dir, Mutter meiner Kinder, bin ich in Ewigkeit dankbar und verbunden.

Meister Propper

Es ist wie ein Reinewaschen, im Sommer im warmen Regen ohne Jacke und Hut ziellos herumzulaufen, durchnässt bis auf die Haut, das Wasser in den Schuhen „glunschend," alle Last und aller Druck einfach so weggespült, erfrischt bis auf die Knochen, dynamisiert bis in die Zehennägel.

Und nun kann kommen was will!

Klischees

Adam und Eva alberten eines schönen Tages etwas herum und stellten sich vor, was sie am liebsten tun würden, wenn sie einmal in das Geschlecht des andern schlüpfen könnten.

Eva meinte: „Wenn ich ein Mann wäre, würde ich einen Tag lang überall hinpinkeln, so wie es die Männer tun."

Und Adam erwiderte: „Wenn ich eine Frau wäre, würde ich mehrere Dinge gleichzeitig tun, aber keines richtig, so wie es eben die Frauen tun."

Stress kennt 3 Gesichter

Am Anfang ist er begeistert und himmelhochjauchzend ob all der Dinge, die sich um ihn herum aufzubauen beginnen. Alles dreht und wirbelt und spiralisiert sich schwindelerregend nach oben.

Auf dem Hochplateau angelangt, meint er, er reite den Teufel. Der Kick ist so innig und ein kreativer Schub jagt den andern, eine Idee produziert schon die nächste. Wie eine wilde Jagd durchpeitscht er alle Hindernisse und will nur eines: den nächsten Kick. Stress ist geil.

Doch dieser Höllenritt fordert seinen Tribut. Vor ihm öffnet sich ein Abgrund wie das feuerspeiende Maul einer Bestie. Er hat Angst in diesen alles verschlingenden Schlund zu fallen und mit letzter Kraft steigt er vom hohen Ross um dann ermattet zu Boden zu sinken. Ein tiefer Schlaf übermannt ihn und beim nächsten Aufwachen reibt er sich irritiert die Augen und fragt sich:

„War das ein Traum oder bin ich nun stressgeheilt?"

Künstler tun sich schwer

Er ist nicht wie wir. Er ist halt ein Lebenskünstler, höre ich die Leute oft anerkennend, und mit etwas verstecktem Neid sagen.

Doch was ist ein Lebenskünstler?
Einer, der als Künstler sein Leben lebt?
Einer, der sein Leben als Kunst versteht?
Einer, dem Kunst im Leben wichtig ist?

Ich misstraue diesem Begriff seit jeher zutiefst.
Könnte es nicht auch einer sein, der sein Leben nicht leben kann, wie er möchte, und darum immer etwas herumkünstelt, etwas „bricoliert" wie die Franzosen sagen?

Und warum dann diese versteckte Bewunderung?

Mut für Unkonventionelles

Chratte-Josis-Miggù hatte letzthin einen seltsamen Traum. Er wurde zum Staatspräsidenten gewählt und hatte am ersten Tag drei neue Gesetze zu erlassen. In seinem nach Politik und Macht riechendem Büro begann er couragiert zu formulieren:

1. Alle Fast-Food-Betriebe und Hard-Discounter müssen innerhalb von 48 Stunden das Land verlassen haben.

2. Ab sofort werden alle Politiker vom Volk gewählt, geniessen keine Immunität mehr und haben den Status eines gewöhnlichen Bürgers.

3. Die nächsten 10 Jahre werden keine Juristen mehr ausgebildet und die Hälfte aller Gesetze wird aufgelöst, da sie so oder so zu nichts taugen.

Danach lehnte sich Chratte-Josis-Miggù in seinem Regierungssessel zurück, stopfte sich die Pfeife und schmunzelte etwas spitzbübisch: „Ein etwas derber Amtsantritt, aber er wird seine Wirkung haben."

Alle sind wertvoll

Ein Kunstschaffender ist einer, der etwas schafft, etwas tut, genau wie ein Schuhmacher, der ein Paar Schuhe schustert oder ein Landwirt, der seinen Boden kultiviert.

Nichts mehr und nichts weniger.

In diesem Sinn ist entweder alles Kunst oder es gibt überhaupt keine Kunst. Aus Respekt gegenüber allen Schaffenden können wir das Wort „Kunst" aus dem Wörterbuch streichen, denn im Grunde der Dinge weiss sowieso niemand so richtig, was es bedeutet.

8 Stunden pro Tag

Am letzten Schultag fragte der Meister der Weisheit seine Studenten, worauf sie sich im Berufsleben am meisten freuten.

Auf eine pralle Lohntüte meinte einer. Auf Anerkennung und Karriere antwortete ein anderer. Auf ein Leben ohne materielle Sorgen sagte ein Dritter.

Darauf entgegnete ihnen der Meister: „Wichtiger als Wohlstand und sozialer Status sind die Freude und Hingabe an Eurem Beruf. Nicht was ihr macht, sondern wie ihr etwas tut, ist von Bedeutung. Alles andere ergibt sich dann von selbst."

Tägliche Erfrischung

Wenn Du verhindern willst, dass Dein Körper vor Alter steif und sperrig wird, musst Du vorher für Bewegung sorgen. Nicht übermässig, aber regelmässig.

Wenn Du verhindern willst, dass Dein Geist beim Ruhestand in eine tiefe Leere fällt, musst Du vorher für vieles offen sein. Nicht übermässig, aber regelmässig.

Wenn Du verhindern willst, dass Deine Seele nach dem Tod orientierungslos wird, musst Du vorher die göttliche Liebe zur Schöpfung zelebrieren. Nicht übermässig, aber regelmässig.

Nichts gelernt

„Der Mensch lebt vom Vergessen," sagt ein Sprichwort. Aber genau darum wiederholt sich die Geschichte in regelmässigen Intervallen immer wieder. Die nachfolgende Generation begeht die gleichen Dummheiten, vergisst sie, um der darauffolgenden Generation Platz für deren gleiche Dummheiten zu schaffen.

Diktatoren folgen auf Diktatoren...

Wirtschaftskrisen folgen auf Wirtschaftskrisen...

Kriege folgen auf Kriege...

Gurus folgen auf Gurus...

Machtspiele folgen auf Machtspiele...

Das Rad der Geschichte wird zum Lebensrad der Zukunft. Darum könnten wir uns das Schreiben von Geschichtsbüchern eigentlich ersparen.

Der Aufstieg

Zielstrebig steige ich den Berg hinauf, die Tretbewegungen rythmisch und genau dosiert. Ich spüre die Kraft in den Beinen und mit leicht angespannten Armen unterstütze ich jede ihrer Umdrehungen. Die Atmung reicht tief und pumpt Liter um Liter frische Luft in die sich blähenden Lungen. Intuitiv und aus Erfahrung nutze ich die passende Herzfrequenz und weiss um deren Obergrenze, ohne Messgerät. Ganz im Aufstieg versunken, geniesse ich dieses subtile Leiden, diese unbändige Energie, die mich dem Gipfel entgegensteuert. Selten bin ich meinem Körper näher, verschmelze mich mit ihm und ein Urvertrauen deutet mir: „So magst du noch lange."

Mauntenbeiking ist faszinierend.

Der Abstieg

Ein letztes Mal mustere ich den steilen Abhang, schnüre meinen Helm und Rucksack zu, lege den Sattel tief und jetzt spüre ich die erste Dosis Adrenalin. Nun hält mich nichts mehr. Ich starte durch und stürze mich mutig in die Tiefe. Mein Gewicht verlagere ich nach hinten und mit Kennerblick und höchster Konzentration sucht mein Auge die perfekte Fahrspur, über Steine, Wurzeln, Rinnen und plötzlich auftauchende Hindernisse. Die Anspannung zerreisst mich fast und je länger die Höllenfahrt, desto peitschender das Adrenalin im Körper. Wie in einer Häckselmaschine werde ich durchgeschüttelt und alle Körpersysteme arbeiten auf Hochtouren. Harmonie total. Mein Denken ist weg und wie von Geisterhand gesteuert erreiche ich sicher den Talboden.Von dort schaue ich respektierlich hinauf, Hand- und Kniegelenke von den tausend Schlägen ermattet, aber die Seele noch ganz betrunken von der totalen Hingabe zum Berg.

Auch darum ist Mauntenbeiking faszinierend.

Jedem sein Tic

Fast unbemerkt nisten sich Gewohnheiten in unser Verhalten ein und verleihen dem Alltag eine gewisse Struktur. Ist ihr Wirken rythmisch und dosiert, vermitteln sie uns Genugtuung und Stabilität.

Werden sie aber überheblich und dominant, ist das der Anfang von Leiden und das Leben kann zur Hölle werden. Aus liebgewonnenen Gewohnheiten werden nun Zwänge und jegliches Denken und Handeln unterliegt ihrer Diktatur. Einsam und gefangen dreht sich der Leidende in einer Abwärtsspirale und jeder Fluchtversuch in die Normalität erstarrt durch den klammernden Druck. Wie bei jeder Diktatur ist irgendwann das Mass der Erträglichkeit überschritten und der Drang nach Freiheit verleiht dem Leidenden ungeahnte Kräfte. Die Spirale dreht sich aufwärts und entwirrt alle Fesseln.

Endlich frei von Zwängen - bis zur nächsten Gewohnheit

Die Gutelaunemacherin

Beim Treffen von Menschen in den Bergen, im Wald, am Fluss, überall in der Natur überrascht mich immer wieder das Einte:
Die gute Laune dieser Menschen!

Alles klar

Im Volksmund heisst es Freiheit sei grenzenlos.
Aber gerade Grenzen zeigen uns
wie wertvoll die Freiheit ist.

Das dürfte schwierig werden

Um das Sexualleben in Schwung zu halten, bieten uns seit Alters her sogenannte (S)experten zahllose, die Phantasie beflügelnde Hilfsmittel an. Eines davon ist das legendäre Buch mit dem verheissungsvoll klingenden Namen „Kamasutra."

Die Umsetzung der darin empfohlenen Liebespraktiken dürfte für die Meisten allerdings etwas schwierig werden. Entweder entstammt der Autor einer Artistenfamilie oder er geht davon aus, dass jeder Mensch so beweglich ist, dass er sich mit den Füssen am Nacken kratzen kann, wenn es ihn dort juckt.

Bedürfnisse

Der Sexualtrieb gehört zu den Grundbedürfnissen des Menschen wie essen, trinken und schlafen.

Wenn diese gestillt sind, kann sich der Mensch dem nächst „höheren Bedürfniss," nämlich der Entfaltung seiner Intelligenz widmen.
Erst ein gesundes Fundament ermöglicht den Bau einer Kathedrale, wussten schon die erfahrenen Baumeister des Mittelalters.

Dass ausgerechnet die Kleriker diese Bauweise ablehnen, zeugt nicht von besonderer Entfaltung ihrer Intelligenz.

Die Schatten der Menschheit

Das Selbstbewusstsein des Menschen steht auf wackeligen Füssen. Er hat Angst vor:

...wilden Tieren, Immigranten, Reptilien, Krankheiten, Katastrophen, Menschen anderer Hautfarbe, Autoritäten, Intellektuellen, Freidenkern, Einsiedlern, Hexen, Horoskopen, Visionären, Prüfungen, Innovationen, Wetterumschlägen, Insekten, giftigen Pflanzen, Wahrsagern, Herausforderungen, Unfällen, Kündigungen, Trennungen, Liebesentzug, Gesichtsverlust, tödlichen Ereignissen, Überarbeitung, Überraschungen, Kriminellen, Süchtigen, Atheisten, Ausserirdischen, Geistern, Ungeheuern, Unbekannten, Veränderungen, Tyrannen, Ausländern, Arbeitslosigkeit, Kriegen, Viren, Bakterien, Schamanen, Haifischen, Rockern, Zahnärzten...

Der Mensch hat Angst vor allem Möglichen und Unmöglichen. Dass er trotzdem schon so lange lebt, ist wahrhaftig ein Wunder.

In sich hören

Der Ursprung jeder Krankheit findet sich in der Psyche. Dabei wirkt der Körper wie ein Botschafter und signalisiert mit allerei Symtomen wie Schmerzen, Unbehagen oder Krankheiten, dass das Gleichgewicht gestört ist.

Alles was in Dir ist, ist Teil von Dir, gehört zu Dir. In Dir gibt es keinen Feind. Darum kämpfe nicht gegen eine Krankheit, sondern akzeptiere sie als Verbündete bei der Wiederherstellung Deiner Gesundheit. Achte dabei auf all die feinen Signale, die der Körper Dir sendet.

Erst wenn alle Kräfte in eine Richtung wirken, entsteht etwas Wunderbares - die Genesung.

Wenn die Stunde schlägt

Eines schönen Tages versammelte der Meister der Weisheit seine Schüler um sich und sie sprachen über den Tod. „Ich fürchte den Tod wie der Teufel das Weihwasser," meinte der Erste ängstlich. Ein Zweiter erwiderte:" Wenn alle im gleichen Alter sterben würden, könnte man sich einigermassen darauf vorbereiten." „Tot umfallen, nur ja nicht leiden, das ist mein innigster Wunsch," bemerkte ein Dritter. „Und Ihr Meister, wie denkt Ihr über den Tod?" fragten sie alle.

„Am Tag, an dem ich die Augen schliessen werde, werde ich der zufriedenste Mensch auf Erden sein, denn ich habe die grösste Sache des Lebens - das Leben selbst - mit Bravour zu Ende gebracht", antwortete er ihnen und liess sie mit offenen Mäulern stehen.

Dr. Allrounder

Die Bildungsminister aller Länder versammelten sich, um zu beraten, wie das Bildungsmodell der Zukunft auszusehen hätte. Für eine Lagebestimmung liessen sie einen Akademiker und einen Handwerker auf die Bühne bringen. Der Akademiker jammerte: „Trotz Hochschulstudium mit Doktorat bin ich nicht einmal in der Lage, zu Hause meiner Frau ihr Lieblingsbild aufzuhängen."

Und der Handwerker doppelte nach: „Ich habe mit meinen eigenen Händen mein Haus von Grund auf gebaut, aber ich bin unfähig, auch nur die erste Seite des Steuerbogens auszufüllen."

Geschockt ob solcher Aussagen begaben sich die Minister 48 Stunden in Klausur zur Beratung.

„Allrounder heisst das Bildungsmodell der Zukunft," verkündetet darauf ein sichtlich entspannter Präsident den Medien. „Und alle Fachidioten, inklusive wir, müssen noch einmal auf die Schulbank, damit auch aus uns etwas Anständiges wird."

Ein Sommermorgen

Frisch liegt die kühle Luft der Nacht in den Talsenken und wie ein Papperlapapp ertönt der Gesang der Vögel aus den Baumkronen. Das Glockengeläut der Kühe wirkt beruhigend wie ein monotoner Klangteppich über das schlafende Land. Die süssen, schweren Harze der Nadelbäume schwängern die klare Luft und dann, urplötzlich, erhellt der erste Sonnenstrahl sanft die anthrazytfarbene Morgendämmerung. Eine glutrote Kugel schiebt sich hinter der Bergflanke hervor und ihre wärmenden Strahlen machen der Nacht den Garaus. Nun säuselt auch der liebliche Südwind und streichelt sanft die Baumwipfel. Alles ist am Erwachen und inmitten dieser Schönheit und Dynamik entsteht das Leben jeden Tag neu.

Ich wäre ein Dummkopf, würde ich da nicht mitmachen.

Ein magischer Abschied

Die Nachricht vom befürchteten Tod der kranken Mutter erreicht die Tochter im Zug. Zwei Stunden später steht sie mit ihrem Mann vor dem Totenbett. Die Verstorbene wirkt friedlich und von seliger Entspanntheit. Ihre Hände und ihr Antlitz fühlen sich angenehm warm an, so als ob sie lediglich schlafen würde. Ihr Gatte und die Schwiegertochter stossen dazu und alle nehmen Abschied in behutsamer und liebevoller Umarmung mit der Verstorbenen. Im Zimmer ist es still, das Fenster leicht angelehnt, und draussen in der schwülen Wärme, regt sich kein Lüftchen. Der Schwiegersohn bemerkt als erster die plötzlich kalt werdenden Hände. Dann, im Bruchteil einer Sekunde, reisst ein jäher Windzug das Fenster auf, der Vorhang wölbt sich kurz, und im Zimmer ist es wieder still wie zuvor.

„Jetzt ist sie gegangen," sagt der verblüffte Schwiegersohn, „aber erst nachdem wir uns alle von ihr verabschieden konnten."

Danke für diesen wundersamen Abschied .
Danke, dass Du gewartet hast.

Wirklich?

Eine Feriengruppe von Weissen besuchte das Reservat der Lakota Indianer und wie aufgeregte, neugierige Kinder wollten sie vom alten Schamanen alles über seine Rituale und Heilkünste wissen.

„Wieso könnt ihr Weissen so gierig sein und immer alles wissen wollen?" fragte der Schamane zurück und belehrte sie mit fester Stimme. „An dem Tag, an dem auf der Erde das letzte Geheimniss gelöst sein wird, wird es auch keine Träume mehr geben. Wollt Ihr das wirklich?"

Optimismus wirkt (Ein Gebet)

Ich habe ein natürliches Anrecht, glücklich, erfolgreich und reich zu sein. Der Reichtum, der Erfolg und das Glück fliessen mir zu, aus unerschöpflichen Quellen. Es sprudelt, sprudelt und sprudelt... und was ich habe und was ich kann, stelle ich in den Dienst von mir und meinen Mitmenschen. Ich liebe mich ganz fest, so wie ich bin und die göttliche Liebe nährt mich Tag für Tag. Ich bin reich beschenkt und dafür bedanke ich mich. Das Leben ist herrlich. So bin ich jetzt und so werde ich sein, denn es ist wunderbar, glücklich zu sein.

Kontraproduktiv

Der Mensch ist doch ein seltsames Wesen.

Einerseits hat er ein biologisches Bedürfnis nach Frieden, Harmonie und Sicherheit.

Andererseits ist er wiederum so gierig und unersättlich, dass er genau diese Werte ins Trudeln bringt.

QualiBanali

Die Anforderungen an die heutige Berufswelt sind hoch und deren Profesionalität wird regelmässig durch sogenannte Managementsysteme zertifiziert.

QUALITÄT heisst das Zauberwort.

Die Anforderungen an die heutige Medienwelt sind genauso hoch, doch Sensationsgier, oberflächliche Recherchen, seichter Unterhaltungsbrunz und eine noch nie dagewesene Katastrophengeilheit dominieren einen Grossteil der Medien. Alle professionellen Bemühungen der verbleibenden seriösen Medienschaffenden fristen ein Schattendasein.

BANALITÄT heisst das Zauberwort.

Unsichtbare Kräfte

Achte gut auf Deine Mitte. Sie ist die Pforte zur Aussen-
welt. Weise und vorsorglich gewährt sie nur den Besuchern Einlass, die Dir dienlich sind. Biete ihnen Deine
Gastfreundschaft an und Du wirst reich beschenkt werden. Und wenn es sie gelüstet weiter zu ziehen, bepacke
sie mit Deinen besten Wünschen und durch sie wirst Du
anderswo unbemerkt Gutes tun.

Wer ist glücklicher?

Es gibt Kulturen, wo die Eltern untereinander aushandeln, mit wem ihr Kind den Bund der Ehe schliesst.
Es gibt Kulturen, wo der Mensch frei entscheidet, mit wem er den Bund der Ehe schliesst.

Die Ersten werden von den Zweiten ob ihrer Rückständigkeit oft belächelt. Aber die Zweiten haben mit einer Scheidungsrate von 50% auch nichts zu lachen.

So oder so, die Ehe gestern und heute - ein Modell zum Davonlaufen, im wahrsten Sinn des Wortes.

Aus der eigenen Haut fahren

Gute Ratschläge zu erteilen, wenn man danach gefragt wird, erfordert ein hohes Mass an Sensibilität. Du bist hin und her gerissen zwischen Deiner subjektiven Erfahrung und den Erwartungen des Ratsuchenden. Was für Dich stimmt, kann für den Andern falsch sein.

Probiere wie im Theater, in seine Rolle zu schlüpfen und Dir wird der passende Text einfallen.

Zur Schau gestellt

Wenn Du als potentieller Täter eine gute Figur machst, wird sich die Boulevardpresse wie eine Horde blutrünstiger Hyänen über Dich und Deine Story stürzen. Sie wird Dein Leben in Stücke reissen und der Öffentlichkeit zum Frass vorwerfen. Tag für Tag, bis auf die Haut ausgezogen, am Pranger des Gespötts gefesselt.

Du kannst nur noch hoffen, dass so schnell als möglich ein vollbesetzter Flieger vom Himmel fällt, die Hyänen so von Dir ablassen und sich erneut mit aller Gier auf das neue Opfer stürzen.

Die-3-Zeit-Zonen

Die U(h)rzeit:
Sie wird durch die Bahnen der Planeten und den Stand der Sonne bestimmt.
Daran kannst Du nichts rütteln.

Die Lebenszeit:
Sie wird bei jedem individuell durch die Dauer vom Geburtstag bis zum Todestag bestimmt.
Daran kannst Du nichts rütteln.

Die Schaffenszeit:
Sie wird bei jedem durch die Langsamkeit oder Schnelligkeit seines Tuns bestimmt.
Daran kannst Du rütteln.

Achte auch hier auf die Balance.
Zeit nehmen - Zeit geben
und Du ersparst Dir manches Beben.

Es darf gelacht werden

Bei ihrem Amtsantritt prahlen manche CEO's gerne vor den Medien: „Ab heute trage ich die volle Verantwortung für die Firma und ihre zig-tausend Mitarbeiter."

Wenn diese Dummköpfe wüssten, was es alles braucht, um nur für sich selbst tagtäglich die Verantwortung zu übernehmen, würden sie sich nicht in solchen Lächerlichkeiten suhlen.

So eine Schweinerei

Das geistige Pendant zu Fast Food sind die Fast News. Diese Pendler- und Gratiszeitungen verdanken ihre Existenz der Schnelllebigkeit unserer Konsumgesellschaft. Ein bunter Mix aus nationalen und internationalen Themen, jeweils mit stark abgespeckten Inhalten, soll den vorbeihastenden Leser in aller Eile am Weltgeschehen teilnehmen lassen. Man liest häppchenweise über dieses und jenes und beim Schliessen der Zeitung weiss man trotzdem nichts. Und genau wie beim Fast Food werden auch diese Fast News überall liegen gelassen und generieren täglich gewaltige Abfallberge.

Das sind die einzig wirklichen News, die einem in Erinnerung bleiben.

Das Sein

Der Lebensweg des Menschen gleicht dem Lauf
des Wassers.

Mal wie die Quelle vor Freude sprudelnd.
Mal wie der Wasserfall in die Tiefe stürzend.
Mal wie Stromschnellen die Hektik meisternd.
Mal wie ein flacher Strom die Entspannung geniessend.

Wohl darum besteht der Mensch zum grössten
Teil aus Wasser.

Keine Antwort, keine Fragen

Einen Selbstmörder sollten wir weder verurteilen, noch bemitleiden. Es ist der Bereich, wo es auf Fragen keine Antworten gibt.

Seinen letzten Wunsch ohne wenn und aber zu respektieren, ist das Einzige, das wir tun können, um ihm damit unsere bedingungslose Liebe zu erweisen.

Nichts mehr, nichts weniger.

Auf Wiedersehen

Bei den Besuchern ist es wie mit den Enkelkindern.

Man hat sie gerne und gibt sie gerne wieder.

Besorgniserregnd

Unerwartet wie Einbrecher dringen Ängste ins Innerste ein und sorgen für Verwirrung und Unsicherheit.

Da ist sie plötzlich, die Angst des Schreibenden, dass er unmittelbar vor dem Ende des Buches nicht mehr weiter weiss.

Sie ist wie die Angst des Autofahrers in der Einöde, hundert Kilometer vor der nächsten Tankstelle kein Benzin mehr zu haben.

Handymanie

Er:

...Schatzi, gerade bin ich auf der Passhöhe angelangt und geniesse die Aussicht.

...Schatzi, ich sitze auf der Terrasse und esse eine Bratwurst mit Pommes-frites.

...Schatzi, gleich fahre ich hinunter, aber vorher muss ich noch schnell Pipi machen.

...Schatzi, ich bin nun beim Auto angelangt und lade mein Fahrrad ein.

...Schatzi, ich bin etwa auf halber Strecke und gehe jetzt eine Flasche Wein für's Abendessen kaufen.

...Schatzi, der Verkehr staut sich etwas, aber es ist nicht weiter schlimm.

...Schatzi, ich bin in fünf Minuten zu Hause und freue mich, Dich zu sehen. Bis gleich.

Sie:

Ach leck mich am Arsch mit Deinem Schatzi! Wenn Du mir so viel Rosen geschenkt hättest, wie Du mir die letzten zwei Jahre Schatzi gesagt hast, wärst Du ruiniert, und ich würde mir ein neues Schatzi suchen müssen.

Das Wundermittel

Reale Ängste, die bei einer unmittelbaren Gefahr entstehen, bewältigen wir intuitiv, gemäss unseren evolutionären Reflexen. Entweder wir stellen uns der Gefahr, oder wir suchen das Weite. Ist die Gefahr vorbei, löst sich auch die Angst auf.

Imaginäre Ängste, wie Existenzängste, Zukunftsängste, spekulative Ängste etc. erzeugen ein Gefühl der Ohnmacht in uns, weil eben keine unmittelbare direkte Gefahr besteht. Der Körper kennt kein Evolutionsprogramm, das diese Ängste unschädlich machen kann. Die Folge ist, dass sie uns krank machen, weil sie immer wieder von neuem auftreten.

Doch die Schöpfung ist weise und hat auf der spirituellen Ebene ein Heilmittel parat.

DIE LIEBE

Wie ein Gebet kannst Du die Liebe nutzen und sagen:
„Ich umhülle die Angst mit meiner göttlichen Liebe, löse sie auf und wandle sie in Vertrauen um."
Fertig - es nützt.

Gehenlassen

Friedhöfe wirken wie Gefängnisse für die Ewigkeit. Der Reihe nach wie sie verstorben sind, werden Menschen nebeneinander gelegt, ohne gefragt zu werden. Jedes Grab hat die gleichen Masse und Sarg um Sarg verschwindet im Boden, in Reih' und Glied, wie ein Heer von Soldaten.

Wie frei und unbeschwert dagegen kann sich ein Verstorbener „fühlen", dessen Asche vom Winde verweht oder vom Wasser getragen wurde, losgelassen von den Daheimgebliebenen, schwebend in Glückseligkeit.

Die Aura magica

Auf der Erde gibt es Orte, von denen sich der Mensch besonders angezogen fühlt.

Kraftorte

Ein Stück Wald, ein Bergtal, eine Quelle, ein See, eine Meeresbucht, eine Wüstenoase, eine Felsformation. Sie alle vermitteln den Menschen die Aura einer wohligen Gastfreundschaft.
Unabhängig von Religionen oder anderer spirituellen Methoden verströmen ebenso Kirchen, Kapellen und Grotten diese magische Stimmung eines Kraftortes. Durch die Kraft der Gebete und wohlwollender Gedanken entsteht eine belebende Energie, die dem Bösen kein Gedeihen ermöglicht.

Faszinierend dieses Kraftfutter!

Sturheit (Eine wahre Geschichte)

Zehn Minuten nach Ablauf der bewilligten Zeit für Lieferanten fährt Josi in eine Fussgängerzone, um bei einem
Schaufenster auf dem französischen Wort „thérapie" den
accent aigu aufzukleben, den er zuvor vergessen hatte.
Grösse ca. 4 mm. Dauer der Aktion keine 5 Minuten. Just
als Josi fortfahren will, kommt ein Polizist und verdon-
nert ihn zu einer Busse. Auf den Protest von Josi antwor-
tet der Ordnungshüter, er hätte auf dem Präsidium eine
Ausnahmebewilligung holen können. Für diesen kleinen
„accent aigu" einen so grossen Aufwand. Die spinnen
die Beamten, dachte sich Josi.
Und als er auf den Bussenzettel schaute, verschlug es ihm
die Sprache. 100 Franken für einen „accent aigu." Was
würde da wohl das ganze Schaufenster kosten?

Die Familie Teil 3

Ungeborene oder totgeborene Kinder verdienen genauso die Liebe und Aufmerksamkeit ihrer Eltern wie deren lebende Kinder.

Wenn Du ihnen einen Namen gibst, kannst Du plötzlich ihre Gesichter und Körper erkennen. Stell sie in Gedanken neben den Lebenden und eine fröhliche Kinderschar macht Dich zum stolzen Vater oder zur glücklichen Mutter. Nun ist die Familie komplett.

Der Schmerz über den Verlust der Toten wird ertragbar.

In sich versinken

Ein besorgter Vater ersuchte sich Rat beim Meister der Weisheit. „Mein Sohn verlässt in drei Monaten die Schule, spielt aber noch jeden Tag eine halbe Stunde mit seinen Fussballfiguren. Ich mache mir Sorgen, dass er sich nicht normal entwickelt wie andere Jugendliche in seinem Alter."

Der Meister winkte ab und beruhigte: „ Es gibt Erwachsene, die spielen täglich mit ihrer Modelleisenbahn. Käme es da jemanden in den Sinn zu glauben, diese Menschen seien nicht normal oder gar unterentwickelt?" Darauf meinte der Vater: „Das stimmt. Eigentlich wollte ich den Sohn schon lange einmal fragen, ob ich mitspielen darf, aber ich getraute mich nicht."

Das Lachen des Meisters hörte man noch längere Zeit, und die Leute fragten sich, warum er wohl so gut gelaunt sei.

Akzeptieren ja - vergessen nein

Jesus verkündete selbstgefällig: „Wenn Dir jemand auf die linke Wange schlägt, halte ihm auch Deine Rechte hin." Und auch heute lautet ein Credo vieler Lebensratgeber: „Wenn Dir jemand Unrecht tut, sollst Du es vergessen, denn nur durch das Vergessen wirst Du Frieden finden."

Wenn Du diese Ratschläge befolgst, bist Du spätestens nach einigen Jahren bis aufs Blut ausgesaugt, schutzlos und verwundbar bis auf die Knochen.

Banale Dinge vergisst Du sowieso. Bedeutende Erfahrungen hingegen kannst Du in eine „Schachtel" packen und in Deinem „geistigen Estrich" einlagern. Bei zukünftigen Erlebnissen sind sie Dir eine wichtige Erfahrungsstütze und schützen Dich vor Ungemach.

Mein Credo lautet: „Geschehenes akzeptieren, die damit verbundenen Gefühle zulassen, alte und neue Erfahrungen verschmelzen, Neuem gegenüber zuversichtlich, aber auch wachsam sein. Und zu guter Letzt all die pseudoesoterischen Klugscheisser in die Wüste schicken."

Die Taktik macht's möglich

Die Bemühungen der Frauen nach Gleichberechtigung sind oft geprägt von einer „Kopf-durch-die-Wand-Taktik." Mit Parolen wie gleicher Lohn, gleiche Macht, gleicher sozialer Status wird die Männerwelt mit einer Konkurrenzsituation konfrontiert, die unbewusste Ängste und Widerstand auslöst.

Schon weise Frauen wie Kleopatra wussten indessen, dass ein Cäsar nicht mit seinen eigenen Waffen zu schlagen war. Mit subtiler Weiblichkeit, erfrischendem Charme und polyvalenter Intelligenz lassen sich Männerdomänen ohne viel Geschrei erobern, und Männer lassen sich wie seit jeher mit weiblicher Grazie um den Finger wickeln.

Gleicher Lohn, gleiche Macht und gleicher sozialer Status ergeben sich auf einmal wie von selbst.

Das Feuer der Mitte

Zwei Körper finden sich und liegen Bauch an Bauch aufeinander. Synchronisch, einem intuitiven Rythmus folgend, verschmelzen die Leiber zur gemeinsamen Reise. Kräftige Männerhände kneten die weiblichen Backen wie Brotteige und im kreisenden Auf und Ab erklingen erste wohlige Laute. Die Herzen schlagen heftiger, süsser Schweiss macht die Körper geschmeidig, und mit jedem Stoss steigt die Spannung in den Becken zur Unerträglichkeit. Keuchend, die nahende Erlösung erahnend, treiben sich die Leiber vorwärts, immer schneller, immer tiefer, bis eine gewaltige Explosion allen Druck in einer Woge der Wohllust auflöst. Ein letztes Zucken und die Körper lassen voneinander, in seliger Ermattung, noch ganz trunken vom Feuer ihrer Liebe.

Eine gesunde Basis

So wie die Natur nie still steht, sollte sich auch der Mensch täglich verändern, denn er ist Teil von ihr.

Gewohnheiten, Erkenntnisse, Gesetze wollen peu à peu angepasst werden, damit nicht Stillstand entsteht, damit neue Impulse neue Lebensformen schaffen, morgens im Keim, abends in voller Blüte, Tag für Tag.

Tugenden hingegen, wie Ehrlichkeit, Respekt, Anstand, Rücksicht, Grosszügigkeit, Hilfsbereitschaft, Freundlichkeit müssen nicht verändert werden. Sie sind in sich zeitlebens so wertvoll, dass ein Haufen Diamanten daneben wie billige Kieselsteine wirkt.

Die Waage dreht sich weiter

In unserer Gesellschaft gibt es bald mehr Diäten als Lebensmittel.

Eine übergewichtige Frau war sich ihrer zu vielen Pfunde überdrüssig und guten Mutes suchte sie den Rat bei einer Diätfachstelle. „Können Sie mir eine Diät ohne den gefürchteten Jo-Jo-Effekt anbieten?" fragte sie die Diätfachfrau. Entsetzt musterte diese die füllige Frau vor sich und meinte dann bestimmt: „Gnädige Frau, bei allem Respekt vor Ihrem Wunsch, aber gerade dieser Jo-Jo-Effekt ist die Lebensversicherung für den Fortbestand unserer Branche!"

Wo bleibt der Genuss?

Das Abspecken mit Shakes oder Pillen ist etwa so befriedigend, wie wenn wir das Bumsen immer den Andern überlassen müssten.

Endlich glücklich

Peter war 16 Jahre alt, als er zum ersten Mal eine Freundin hatte. Die Liebe war von zarter Courage und ohne Kraft des Feuers. Sie zerbrach.

Muskeltraining, Sportwagen, lockere Sprüche, Marathonnächte in Discos, alle nur erdenklichen Register der Männlichkeit trugen nichts dazu bei, ein neues Liebesglück zu finden. Peter wohnte auch mit 25 noch zu Hause und die Eltern litten mit ihm ob seiner Beziehungsmisere. Bis ein Stadtfest im Sommer alles änderte. Peter erzählte am Morgen freudenstrahlend: „Ich bin seit gestern wahnsinnig verliebt." „Wie heisst denn Dein Schatz?" fragte die Mutter. „Andrea," antwortete Peter. „Welch schöner Name und sicher ist sie auch hübsch," freute sich die Mutter.

Peter strahlte. „Ja, *er* ist hübsch!"

Dein Spirit

Schreibe hier Deinen ganz persönlichen Spirit!

Schlussgedanken

Jetzt, da ich diese Schlussgedanken schreibe, bin ich just vor einigen Tagen mit der Komposition des 2. Bandes der **99 Spirits** fertig geworden.Ich hegte nie eine konkrete Absicht, aber Mitte Sommer 2010 hat mir eine unsichtbare Kraft den Stylo erneut in die Hand gelegt und die zweite Serie **Spirits** begann zu sprudeln. Es sind wiederum Beobachtungen vom alltäglichen Leben, eigene Erlebnisse und Zukunftsvisionen, die mich veranlassten, kurze Sprüche oder kleine Geschichten zu schreiben. Die Thematik ist kunterbunt, so wie eben auch das Leben ist. Die Inspiration zum Schreiben verdanke ich meiner Vorliebe, Menschen, Dinge und Abläufe innig zu beobachten, mir einen Vers daraus zu reimen, damit langsam ein Bild entsteht. Das Leben ist faszinierend, manchmal auch erschreckend, aber immer in Bewegung, ohne Stillstand, voller Spontaneität und Überraschendem.

Dazu ein Beispiel:
Wenn man die Weltbevölkerung im heutigen Verhältnis auf ein 100 Seelen zählendesDorf reduzieren würde, lebten dort 57 Asiaten, 21 Europäer, 14 Amerikaner (Nord, Zentral, Süd), 8 Afrikaner und es gäbe 52 Frauen und 48 Männer, 30 Weisse und 70 Nichtweisse, 89 Heterosexuelle und 11 Homosexuelle, 28 Christen und 72 Nichtchristen.
6 Personen besässen 59% des gesamten Reichtums und alle 6 kämen aus den USA, 80 lebten in maroden Häusern, 50 würden an Unterernährung leiden, 1 wäre dabei zu sterben, 1 wäre dabei geboren zu werden, 4 besässen einen Computer und nur 1 hätte einen Universitätsabschluss.

Bedenke auch folgendes:
Wenn Du heute morgen aufgestanden bist und gesund warst, hast Du ein besseres Los gezogen, als die Millionen Menschen, die die nächste Woche nicht mehr erleben werden. Wenn Du Essen im Kühlschrank, Kleider am Leib, ein Dach über dem Kopf und eine feste Arbeit hast, bist Du reicher als 75% der Menschen dieser Erde. Wenn Du etwas Geld auf der Bank oder im Sparschwein hast, zählst Du sogar zu den privilegierten 8% dieser Welt.

Ich gehöre zu diesen 8% und Du lieber Leser wahrscheinlich auch. Ausserdem lebe ich an einem Ort, wo Frieden und soziale Sicherheit mir ein menschenwürdiges Dasein ermöglichen. Das ist nicht selbstverständlich und mein Dank dafür ist gross. Ich wünsche allen Mitmenschen Toleranz, Gleichberechtigung und ein erfülltes Leben mit der Kraft der göttlichen Liebe. Wenn meine **99 Spirits** einen kleinen Beitrag dazu leisten, bin ich erfreut.

Mein Dank gilt ausserdem
...meinen Eltern und Geschwistern
...meiner Frau und den Kindern
...meinen Mitarbeitenden
...meinen Kunden und Lieferanten
...meinen Kollegen und Bekannten
...meinem Cartoonisten Mibé
...meinen den Weg kreuzenden Spontankontakten
...und all denen, die mir Gutes taten, ohne etwas davon zu ahnen.

Bei Dir lieber Leser, bedanke ich mich für das Interesse am Buch und wünsche Dir noch viele **„entspannt-spannende Momente."**

Rudolph Zbinden alias Fisù

99 SPIRITS

Und nun geniesse Dein Leben, denn es sprudelt...und sprudelt...un